Géographie

ACCIDENS de l'Enfance (les), présentés dans de petites historiettes propres à détourner les enfans des actions qui leur seraient nuisibles; par Pierre Blanchard; 15e édit. 1 vol.

ANECDOTES de l'Enfance (les), ou Traits de courage et d'humanité, présence d'esprit, bons mots, saillies, repart. et réponses spirituelles de jeunes enfans. 1 vol.

CABANE ET LE CHATEAU (la), nouvelles; par M. Stéphen de la Madelaine. 1 vol.

CHARMES de l'Hermitage (les), Historiettes et Nouvelles propres à former le cœur et l'esprit de la jeunesse; par mademoiselle Élise Brun. 1 vol.

CONTES A HENRI; par Abel Dufresne. 1 vol.

CONTES A HENRIETTE; par A. Dufresne. 1 vol.

CONTES pour les Enfans de cinq à six ans, pour faire suite aux *Leçons*. 1 vol.

DOUZE HISTORIETTES pour les enfans de six à huit ans; par Mme Delarbre. 1 vol.

DEUX SŒURS (les), ou les Enfans dévoués à leur mère; par L.-P. Langlois. 1 vol.

ENCOURAGEMENS du premier âge (les), ou Historiettes instructives et amusantes, propres à concourir à l'éducation morale de l'enfance; par M. Rénal. 1 vol.

ENFANS de la campagne (les), ou nouvelles instructives et amusantes; par Mme Laure Bernard. 1 vol.

ENFANS studieux (les) qui se sont distingués par des progrès rapides et leur bonne conduite. 1 vol.

ÉMILE, ou la Bonne Sœur; par Eug. Niogret. 1 vol.

EXEMPLES de Vertu proposés à la jeunesse. 1 vol.

FABLES en action (les); par Mme Mallès de Beaulieu. 1 vol.

LA FONTAINE des Enfans (le), ou choix des Fables de La Fontaine les plus simples et les plus morales, avec des explications à la portée de l'enfance. 1 vol.

LEÇONS pour les Enfans de trois à cinq ans, composées de phrases à lire et de petites historiettes. 1 vol.

ABRÉGÉ
DE GÉOGRAPHIE
DE LA FRANCE,

PRÉCÉDÉ DE NOTIONS ÉLÉMENTAIRES

DE COSMOGRAPHIE.

TOURS,

IMPRIMERIE DE F.-CHARLES PLACÉ,

RUE DU CHANGE, N° 13, PRÈS St-MARTIN.

1838.

NOTIONS
DE LA SPHÈRE
OU
DE COSMOGRAPHIE.

1. D. Qu'est-ce que la cosmographie ?

R. La cosmographie est la description de l'univers.

2. D. Qu'est-ce que l'univers ?

R. L'univers est l'ensemble de tous les corps que Dieu a créés.

3. D. Qu'est-ce que le ciel ? le firmament ?

R. Le ciel est cet espace immense où se voient le soleil, la lune et tous les astres ; le firmament est la partie du ciel la plus éloignée de nous.

4. D. Qu'est-ce que les astres ?

R. Les astres sont les corps célestes qui paraissent dans le ciel.

5. D. Quels sont les astres lumineux ?

R. Ce sont ceux qui ont un foyer de lumière, comme le soleil et les étoiles fixes.

6. D. Quels sont les astres opaques ?

R. Ce sont ceux qui réfléchissent la lumière du soleil, comme les planètes, leurs satellites et les comètes.

7. D. Qu'est-ce que la voie lactée ?

R. La voie lactée est un amas d'étoiles invisibles qui forment une bande blanchâtre et qui traverse le ciel du sud au nord.

8. D. Qu'est-ce que le soleil ?

R. Le soleil est un astre lumineux, fixé au milieu de l'univers, 1,395,000 fois plus gros que la terre, et tournant sur lui-même en 25 jours 17 heures ; son diamètre est de 315,000 lieues.

9. D. Qu'est-ce que les comètes ?

R. Les comètes sont des planètes d'un ordre particulier, visibles seulement dans une partie de leur cours, et ordinairement accompagnées d'une chevelure ou d'une queue lumineuse.

10. D. En combien de temps la lumière du soleil arrive-t-elle à la terre ?

R. Elle y parvient en huit minutes, et dans ce peu de temps elle parcourt trente-cinq millions de lieues à peu près.

11. D. Quels sont les astronomes qui se

sont prononcés sur la fixité ou le placement du soleil ?

R. Ce sont : Claude-Ptolémée, Copernic et Tycho-Brahé. Claude-Ptolémée qui vivait à Alexandrie, en Égypte, l'an 135 de l'ère chrétienne, disait que la terre est immobile au centre de l'univers ; que le soleil et les planètes se meuvent autour d'elle.

Copernic, né à Thorn, en Prusse, en 1473, fit voir que le soleil est placé au centre de l'univers, et que les autres planètes tournent autour de cet astre.

Tycho-Brahé naquit en 1540 dans la terre de Knudstorp en Scanie (Suède) ; il supposa comme Claude-Ptolémée que la terre est immobile, et que Mercure et les autres planètes tournaient suivant lui autour du soleil. C'est ce qui a fait prévaloir le système de Copernic.

12. D. Combien compte-t-on de planètes ?

R. On en compte onze à partir du Soleil. Ce sont : Mercure, Vénus, la Terre, Mars, Vesta, Junon, Cérès, Pallas, Jupiter, Saturne et Uranus.

13. D. Quelle est la forme de la terre considérée comme planète ?

R. La terre est un corps à peu près sphérique ; elle tourne sur elle-même en 23 heures

56 minutes 4 secondes, c'est la durée du jour; et son mouvement diurne et autour du soleil en 365 jours 5 heures 48 minutes 45 secondes, c'est son mouvement annuel. Elle a 9000 lieues de tour et 2864 de diamètre; sa distance moyenne du soleil est de 34 millions de lieues.

14. D. Comment ne s'aperçoit-on pas du mouvement de la terre?

R. Quoiqu'elle parcoure environ 463 mètres 6 décimètres par seconde, ce mouvement devient insensible pour nous parce que l'enveloppe aérienne qui environne la terre tourne avec elle et s'oppose à la sensation d'aucun déplacement.

15. D. Qu'est-ce que les satellites?

R. Les satellites sont des planètes. La Terre n'a qu'un satellite, c'est la Lune; Jupiter en a quatre; Saturne sept et Uranus six. La Lune qui nous paraît plus grosse que les autres planètes est cependant la plus petite.

16. D. Qu'est-ce que la lune?

R. La lune est un corps opaque; elle est environ cinquante fois plus petite que la terre dont elle est éloignée de 86,000 lieues. Son diamètre est de 782 lieues, et sa rotation se fait comme sa révolution en 27 jours 7 heures 43 minutes 4 secondes. Elle nous présente toujours le côté qui est éclairé par le soleil.

17. D. Qu'appelle-t-on phases de la lune ?

R. On appelle ainsi les différentes formes qu'elle nous présente pendant les 28 à 29 jours qu'elle emploie à faire sa révolution ; il y en a quatre : la nouvelle lune, le premier quartier, la pleine lune et le dernier quartier.

18. D. Qu'est-ce qu'une éclipse ?

R. L'éclipse est la disparition passagère d'un astre par l'interposition d'un autre.

19. D. Quand y a-t-il éclipse de soleil ou de lune ?

R. Le soleil est éclipsé à nos yeux lorsque la lune passe entre lui et la terre, ce qui n'arrive que dans les nouvelles lunes ; et éclipse de lune toutes les fois que la terre se trouve entre le soleil et ce satellite, ce qui n'arrive que lorsque la lune est dans son plein.

20. D. Quelles sont les principales constellations ?

R. Ce sont les douze signes du zodiaque en commençant par le mois de mars ; les voici : le Bélier, le Taureau, les Gémeaux, le Cancer, le Lion, la Vierge, la Balance, le Scorpion, le Sagittaire, le Capricorne, le Verseau et les Poissons.

21. D. Qu'est-ce que l'équateur ?

R. L'équateur est un grand cercle qui, situé à égale distance des deux pôles, partage le globe en deux hémisphères, l'un boréal ou septentrional, l'autre austral ou méridional.

22. D. Qu'est-ce que le méridien ?

R. Le méridien est un grand cercle qui passe par les pôles du monde; il est midi en même temps pour tous les pays qui sont sous le même méridien.

23. D. Qu'appelez-vous les pôles ?

R. On appelle pôles les deux extrémités aplaties de la terre, d'un mot grec qui signifie tourner; celui du nord s'appelle pôle arctique, d'un mot grec qui signifie ourse, et celui du sud s'appelle pôle antarctique, c'est-à-dire opposé à l'ourse.

24. D. Qu'est-ce que l'horizon ?

R. L'horizon est un grand cercle qui borne notre vue de tous côtés. Le point qui se trouve verticalement au-dessus de nos têtes se nomme zénith, et le nadir est le point opposé.

25. D. Qu'appelle-t-on écliptique ?

R. C'est le cercle supposé que parcourt la terre en s'éloignant de l'équateur de vingt-trois degrés et demi, tantôt vers un pôle, tantôt par l'autre.

26. D. Qu'est-ce que les tropiques ?

R. Les tropiques sont deux cercles parallèles à vingt-trois degrés et demi de l'équateur; l'un s'appelle tropique du cancer ou d'été dans la partie septentrionale, et l'autre tropique du capricorne ou d'hiver dans la partie méridionale.

27. D. Qu'appelle-t-on zônes ?

R. On appelle zônes de larges espaces qui se trouvent déterminés sur la terre par les cercles polaires et les tropiques. Elles sont au nombre de cinq : la zône torride ou brûlante, entre les deux tropiques; les deux zônes tempérées, entre les deux tropiques et les deux cercles pôlaires, et les deux zônes glaciales entre les cercles pôlaires et les pôles.

28. D. Qu'est-ce que les cercles polaires ?

R. Les deux cercles polaires sont parallèles aux tropiques et éloignés des pôles à vingt-trois degrés et demi.

29. D. Qu'est-ce que la latitude ?

R. La latitude est la distance d'un lieu à l'équateur; chaque degré vaut vingt-cinq lieues. La plus grande latitude est de quatre vingt-dix degrés.

30. D. Qu'est-ce que la longitude ?

R. La longitude est la distance d'un premier méridien convenu. C'est en France celui de Paris. La plus grande longitude est de cent-quatre-vingts degrés.

31. D. Quels sont les points cardinaux ?

R. On en compte quatre : le nord ou septentrion, vers le pôle arctique ; le sud ou midi opposé au nord ; l'est, orient ou levant, du côté où le soleil paraît se lever ; l'ouest, occident ou couchant, opposé à l'est.

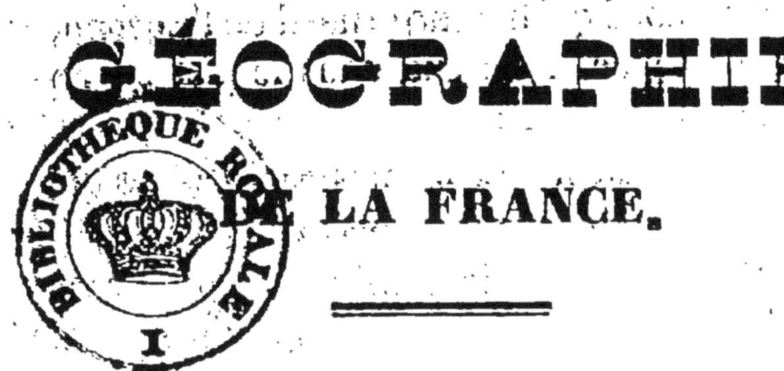

GÉOGRAPHIE

DE LA FRANCE.

1. D. Qu'est-ce que la géographie ?

R. La géographie est la description de la terre.

2. D. Quelle est la forme de la terre ?

R. La terre est ronde, elle a la forme d'une boule ; l'eau couvre une grande partie de sa surface.

3. D. Comment se divise la terre ?

R. La terre se divise en cinq parties qui sont : l'Europe, l'Asie, l'Afrique, l'Amérique et l'Océanie.

4. D. Qu'est-ce que l'Océan ?

R. On donne le nom d'Océan ou de mer à la vaste étendue d'eau salée qui couvre la plus grande partie du globe.

5. D. Comment se divise l'Océan ?

R. On divise l'Océan en quatre parties qui sont : l'Océan atlantique qui baigne l'Europe, le Grand Océan qui baigne l'Amérique; l'Océan glacial du nord qui baigne le nord de l'Europe, et l'Océan glacial du sud dans lequel on ne connaît aucune terre.

6. D. Quels sont les termes particuliers qui servent à désigner les parties de la terre ?

R. Ce sont ceux de continent, île, presqu'île, isthme, côte, cap, montagne et volcan.

7. D. Qu'est-ce qu'un continent ?

R. On appelle continent les deux plus vastes étendues de terre qu'on puisse parcourir sans traverser la mer.

8. D. Qu'est-ce qu'une île ?

R. Une île est un espace de terre entouré d'eau de tous côtés.

9. D. Qu'est-ce qu'une presqu'île ?

R. On appelle presqu'île ou péninsule un espace de terre presqu'entouré d'eau et qui tient au continent par un seul côté. La Morée en Grèce et la Crimée en Russie sont des presqu'îles.

10. D. Qu'est-ce qu'un isthme ?

R. Un isthme est une partie de terre très-étroite qui joint une presqu'île au continent. L'isthme de Corinthe joint la Morée au continent.

11. D. Qu'est-ce qu'un cap ?

R. Un cap est une pointe de terre qui s'avance dans la mer.

12. D. Qu'appelle-t-on côte ?

R. On appelle côte la partie de la terre qui borde la mer.

13. D. Qu'est-ce qu'une montagne ?

R. C'est une grande masse de terre fort élevée au-dessus du reste de la surface de la terre ; une montagne très-haute prend le nom de pic.

14. D. Qu'est-ce qu'un volcan ?

R. C'est une montagne qui vomit des flammes et des matières fondues qu'on appelle laves.

15. D. Quels sont les termes particuliers qui servent à désigner les différentes parties de l'eau ?

R. Ce sont ceux de détroit, golfe, rade, archipel, lac, rivière et fleuve.

16. D. Qu'est-ce qu'un détroit ?

R. On appelle détroit une partie de mer resserrée entre deux terres.

17. D. Qu'est-ce qu'un golfe ?

R. Un golfe est une partie d'eau, un bras de mer qui s'avance dans les terres.

18. D. Qu'est-ce qu'une rade ?

R. Une rade est une étendue de mer le long

des côtes, où les vaisseaux peuvent tenir à l'ancre.

19. D. Qu'est-ce qu'un archipel ?

R. C'est une étendue de mer entrecoupée de plusieurs îles.

20. D. Qu'est-ce qu'un lac ?

R. C'est une étendue d'eau entourée de terre de tous côtés.

21. D. Qu'est-ce qu'une rivière ?

R. C'est un cours d'eau qui se jette dans un fleuve ou dans une autre rivière.

22. D. Qu'est-ce qu'un fleuve ?

R. C'est un cours d'eau qui se jette dans la mer.

23. D. Qu'appelle-t-on source ?

R. C'est le lieu où le fleuve commence.

24. D. Qu'appelle-t-on embouchure ?

R. C'est le lieu où le fleuve se jette dans la mer.

25. D. Quelle est la rive droite d'une rivière ?

R. La rive droite est celle qui est à la droite d'une personne qui suit le courant de l'eau, l'autre rive est la rive gauche.

26. D. Quels sont les principaux fleuves de France ?

R. Ce sont la Seine, qui se jette dans la

Manche, la Loire et la Garonne qui se jettent dans l'Océan, et le Rhône qui se jette dans la Méditerranée.

27. D. Quelles sont les bornes de la France?

R. La France est bornée au nord par la Manche et la Hollande, à l'est par le Rhin, au sud par la Méditerranée et l'Espagne, et à l'ouest par l'Océan atlantique.

28. D. Quelle est la province la plus fertile de la France ?

R. La Flandre est l'une des plus industrieuses.

DÉPARTEMENT DU NORD.

29. D. Quel est le chef-lieu ?

R. Lille, 70,000 habitants, place très-forte.

30. D. Quelles sont les villes principales ?

R. Cambray, Hazebrouck et Dunkerque. On y trouve aussi Denain, célèbre par la victoire de Villars en 1712, qui sauva la France.

31. D. Que fait-on dans l'Artois ?

R. L'Artois est une province fertile; on y fabrique beaucoup d'huile, de sucre de betterave et de toiles.

DÉPARTEMENT DU PAS-DE-CALAIS.

32. D. Quel est le chef-lieu ?

R. Arras, 22,000 habitants, ville forte.

33. D. Quelles sont les villes principales ?

R. Boulogne, pour le passage en Angleterre; Calais, à 7 lieues d'Angleterre. En 1347 cette ville fut prise par les Anglais après un siège célèbre.

34. D. Que fabrique-t-on dans la Picardie?

R. La Picardie est très-fertile ; on y fabrique beaucoup de velours, de coton, d'étoffes, de laines et de toiles.

DÉPARTEMENT DE LA SOMME.

35. D. Quel est le chef-lieu ?

R. Amiens, 42,000 habitants, remarquable par sa cathédrale et ses fabriques de velours.

36. D. Que fait-on dans la Normandie ?

R. Ses vastes pâturages nourrissent beaucoup de bestiaux et de chevaux.

DÉPARTEMENT DE LA SEINE-INF^{re}.

37. D. Quel est le chef-lieu ?

R. Rouen, 90,000 habitants, remarquable par ses tissus de coton dits rouenneries. Les bâtiments marchands remontent la Seine jusque dans son port. C'est la patrie du grand Corneille.

38. D. Quelles sont les villes principales?

R. Le Hâvre, Dieppe, Elbeuf et Arques, village célèbre par la victoire que Henri IV y remporta en 1589.

DÉPARTEMENT DE L'EURE.

39. D. Quel est le chef-lieu?

R. Evreux, 10,000 habitants.

40. D. Quelles sont les villes principales?

R. Louviers, renommé pour ses draps, et Ivry, bourg célèbre par la bataille que Henri IV y gagna en 1589.

DÉPARTEMENT DU CALVADOS.

41. D. Quel est le chef-lieu?

R. Caen, 38,000 habitants, port très-commerçant. C'est la patrie de Malherbe.

42. D. Quelles sont les villes principales?

R. Lisieux et Falaise, patrie de Guillaume-le-Conquérant. C'est à Guibray, faubourg de cette ville, que se tient une des plus belles foires de la France.

DÉPARTEMENT DE LA MANCHE.

43. D. Quel est le chef-lieu?

R. Saint-Lô, 9,000 habitants. Ville principale, Cherbourg, ville forte et l'un des cinq grands ports militaires de la France.

DÉPARTEMENT DE L'ORNE.

44. D. Quel est le chef-lieu?

R. Alençon, connu par son commerce de chevaux.

45. D. Quelle est la ville principale?

R. L'Aigle, renommée pour ses fabriques d'épingles et d'aiguilles.

46. D. Que produit l'Ile-de-France?

R. Elle est bien cultivée; mais elle doit sa principale richesse à l'industrie de ses habitants et à l'avantage qu'elle a de renfermer la capitale du royaume.

DÉPARTEMENT DE LA SEINE.

47. D. Quel est le chef-lieu?

R. Paris, 900,000 habitants, sur la Seine, la seconde ville de l'Europe par sa population, est le centre des lettres et des beaux-arts. C'est la patrie du grand Condé, de Molière, de Boileau et de Rollin.

48. D. Quelles sont les villes principales?

R. Saint-Denis, remarquable par sa cathédrale qui renferme les tombeaux des rois de

France. Alfort, près Charenton, possède une école vétérinaire.

DÉPARTEMENT DE SEINE-ET-OISE.

49. D. Quel est le chef-lieu ?

R. Versailles, célèbre par le magnifique château qu'y fit bâtir Louis XIV, et qui a été jusqu'à la révolution de 1789 la résidence des rois.

50. D. Quelles sont les villes principales ?

R. Saint-Germain-en-Laye; Sèvres, bourg connu par sa porcelaine, et Jouy par ses toiles peintes d'Oberkampf.

DÉPARTEMENT DE SEINE-ET-MARNE.

51. D. Quel est le chef-lieu ?

R. Melun, 7,000 habitants.

52. D. Quelles sont les villes principales ?

R. Meaux, où Bossuet fut évêque, et Fontainebleau avec un château royal au milieu d'une forêt.

DÉPARTEMENT DE L'OISE.

53. D. Quel est le chef-lieu ?

R. Beauvais, 13,000 habitants. En 1472 les femmes, sous la conduite de Jeanne Hachette, y repoussèrent les troupes de Charles-le-Téméraire.

54. D. Quelle est la ville principale ?

R. Compiègne, avec un château royal près d'une belle forêt.

DÉPARTEMENT DE L'AISNE.

55. D. Quel est le chef-lieu ?

R. Laon, 7,000 habitants, sur une hauteur.

56. Quelles sont les villes principales ?

R. Saint-Quentin, Soissons, Château-Thierry et Saint-Gobain, connu par sa manufacture de glaces.

57. Que produit la Champagne ?

R. La Champagne, dont une partie est stérile, produit des vins très-renommés. Le nord renferme de grandes forêts.

DÉPARTEMENT DE LA HAUTE-MARNE.

58. D. Quel est le chef-lieu ?

R. Chaumont, 6,000 habitants, près de la Marne.

59. D. Quelles sont les villes principales ?

R. Langres, la plus haute ville de France, et Bourbonne-les-Bains, connue par ses eaux minérales.

DÉPARTEMENT DE L'AUBE.

60. D. Quel est le chef-lieu ?

R. Troyes, 25,000 habitants, sur la Seine, fait un commerce considérable de bonneterie et de charcuterie.

DÉPARTEMENT DE LA MARNE.

61. D. Quel est le chef-lieu ?

R. Châlons-sur-Marne, 12,000 habitants, possède une école d'arts et métiers.

62. D. Quelles sont les villes principales ?

R. Reims, où se faisait le sacre des rois; c'est la patrie de Colbert, et Épernay, qui produit les meilleurs vins de Champagne.

DÉPARTEMENT DES ARDENNES.

63. D. Quel est le chef-lieu ?

R. Mezières, 4,000 habitants, sur la Meuse.

64. D. Quelles sont les villes principales ?

R. Sedan, connu par ses draps : c'est la patrie de Turenne; Rocroy, célèbre par la victoire que le grand Condé y remporta en 1643.

65. D. Que produit la Lorraine ?

R. La Lorraine, dont une partie est couverte de montagnes, renferme de riches mines de sel gemme.

DÉPARTEMENT DE LA MEURTHE.

66. D. Quel est le chef-lieu ?

R. Nancy, 29,000 habitants. C'est près de cette ville que Charles-le-Téméraire fut vaincu et tué par les Suisses en 1476.

67. D. Quelle est la ville principale ?

R. Lunéville, fut la résidence de Stanislas, qui devint duc de Lorraine après avoir été roi de Pologne.

DÉPARTEMENT DE LA MOSELLE.

68. D. Quel est le chef-lieu ?

R. Metz, 45,000 habitants, sur la Moselle, ville très-forte, possède l'école d'application de l'artillerie et du génie.

DÉPARTEMENT DE LA MEUSE.

69. D. Quel est le chef-lieu ?

R. Bar-le-Duc, 12,000 habitants.

70. D. Quelle est la ville principale ?

R. Verdun, ville très-forte où la Meuse commence à être navigable.

DÉPARTEMENT DES VOSGES.

71. D. Quel est le chef-lieu ?

R. Épinal, 8,000 habitants. On y trouve Domremy, village célèbre par la naissance de Jeanne-d'Arc ou la Pucelle d'Orléans.

72. D. Quelles sont les productions de l'Alsace ?

R. L'Alsace est très-fertile; elle fait un grand commerce, et la plus grande partie des Alsaciens parlent encore la langue allemande.

DÉPARTEMENT DU BAS-RHIN.

73. D. Quel est le chef-lieu ?

R. Strasbourg, 50,000 habitants. Le clocher de la cathédrale, haut de 142 mètres, est le monument le plus élevé après la grande pyramide d'Égypte.

74. D. Quelles sont les villes principales ?

R. Schelestadt, Mutzig, Klingenthal, Colmar et Mulhausen.

75. D. Que produit la Franche-Comté ?

R. Elle est en partie couverte de montagnes; elle renferme de vastes forêts, des pâturages et des vignobles.

DÉPARTEMENT DU DOUBS.

76. D. Quel est le chef-lieu ?

R. Besançon, 29,000 habitants, ville forte.

77. D. Quelles sont les villes principales ?

R. Montbéliard et Pontarlier, où se vendent des fromages sous le nom de gruyère.

DÉPARTEMENT DE LA HAUTE-SAONE.

78. D. Quel est le chef-lieu ?

R. Vesoul, 5,000 habitants, et Gray, remarquable par ses moulins à farine.

DÉPARTEMENT DU JURA.

79. D. Quel le chef-lieu ?

R. Lons-le-Saulnier, 8,000 habitants, possède un bel établissement de salines.

80. D. Quelles sont les villes principales ?

R. Dôle, Salins, Saint-Claude, Saint-Moncel et Morez.

81. D. Que produit la Bourgogne ?

R. Elle est généralement très-fertile et renommée pour ses vins.

DÉPARTEMENT DE LA COTE-D'OR.

82. D. Quel est le chef-lieu ?

R. Dijon, 24,000 habitants, ville riche;

c'est la patrie de Bossuet, et Beaune connue par ses vins.

DÉPARTEMENT DE L'YONNE.

83. D. Quel est le chef-lieu ?

R. Auxerre, 12,000 habitants, sur l'Yonne.

84. D. Quelles sont les villes principales ?

R. Sens, connu par sa cathédrale, et Chablis, connu par ses vins blancs.

DÉPARTEMENT DE SAONE-ET-LOIRE.

85. D. Quel est le chef-lieu ?

R. Mâcon, 11,000 habitants, connu par ses vins.

86. D. Quelles sont les villes principales ?

R. Châlons-sur Saône, Autun et le Creusot, où l'on fabrique les cristaux dits de Mont-Cenis.

DÉPARTEMENT DE L'AIN.

87. D. Quel est le chef-lieu ?

R. Bourg, 8,000 habitants, patrie de l'amiral de Coligny.

88. D. Que produit le Lyonnais ?

R. Le Lyonnais, en partie couvert de montagnes, est riche en mines de fer, de cuivre et de houille.

DÉPARTEMENT DU RHONE.

89. D. Quel est le chef-lieu ?

R. Lyon, 170,000 habitants, la seconde ville de France; ses fabriques de soieries sont les plus importantes du monde.

DÉPARTEMENT DE LA LOIRE.

90. D. Quel est le chef-lieu ?

R. Montbrison, 5,000 habitants.

91. D. Quelles sont les villes principales ?

R. Saint-Étienne, Roanne et Rive-de-Gier, remarquable par ses mines de charbon de terre.

92. D. Que produit le Dauphiné ?

R. On y trouve de vastes pâturages, des mines de fer et de plomb.

DÉPARTEMENT DE L'ISÈRE.

93. D. Quel est le chef-lieu ?

R. Grenoble, 22,000 habitants, ville forte.

94. D. Quelles sont les villes principales ?

R. Voiron et Vienne, ville très-ancienne sur le Rhône.

DÉPARTEMENT DE LA DROME.

95. D. Quel est le chef-lieu ?

R. Valence, 10,000 habitants, commerce sur les vins.

DÉPARTEMENT DES HAUTES-ALPES.

96. D. Quel est le chef-lieu ?

R. Gap, 7,000 habitants, place forte, et Briançon, la plus haute ville de France.

97. D. Que produit la Provence ?

R. Elle produit du vin, des olives, des figues, des oranges, des citrons, et on y élève une grande quantité de vers à soie.

DÉPARTEMENT DES BOUCHES-DU-RHONE.

98. D. Quel est le chef-lieu ?

R. Marseille, 116,000 habitants, troisième ville de France, avec un beau port et un vaste lazaret.

99. D. Quelles sont les villes principales ?

R. Aix et Arles; près de cette ville se trouve l'île de la Camargue où vivent les bestiaux dans un état presque sauvage.

DÉPARTEMENT DES BASSES-ALPES.

100. D. Quel est le chef-lieu ?

R. Digne, 4,000 habitants.

DÉPARTEMENT DU VAR.

101. D. Quel est le chef-lieu?

R. Draguignan, 9,000 habitants.

102. D. Quelles sont les villes principales?

R. Toulon, avec un port pour les vaisseaux de guerre, Grasse et Hières.

103. D. Que produit le Languedoc?

R. Il produit du grain, des vins, des olives, des grenades, des figues; on y élève beaucoup de vers à soie et d'abeilles.

DÉPARTEMENT DE LA HAUTE-GARONNE.

104. D. Quel est le chef-lieu?

R. Toulouse, 73,000 habitants, près du canal de Languedoc.

DÉPARTEMENT DU TARN.

105. D. Quel est le chef-lieu?

R. Alby, 11,000 habitants; sa ville principale est Castres qui fabrique des draps et des étoffes de coton.

DÉPARTEMENT DE L'AUDE.

106. D. Quel est le chef-lieu?

R. Carcassonne, 18,000 habitants, sur l'Aude; sa ville principale est Narbonne, renommée pour son miel.

DÉPARTEMENT DE L'HÉRAULT.

107. D. Quel est le chef-lieu ?

R. Montpellier, 36,000 habitants, possède une école de médecine.

108. D. Quelles sont les villes principales ?

R. Béziers, dans une situation si agréable que l'on dit que si Dieu descendait sur la terre, ce serait Béziers qu'il choisirait; et Frontignan qui récolte des vins muscats.

DÉPARTEMENT DU GARD.

109. D. Quel est le chef-lieu ?

R. Nîmes, 39,000 habitants; cette ville possède les plus beaux monuments romains; on y trouve Beaucaire, célèbre par une foire qui attire des négociants de toutes les parties du monde.

DÉPARTEMENT DE LA LOZÈRE.

110. D. Quel est le chef-lieu ?

R. Mende, 6,000 habitants, a des fabriques de serge.

DÉPARTEMENT DE LA HAUTE-LOIRE.

111. D. Quel est le chef-lieu ?

R. Le Puy, 15,000 habitants, fabrique des dentelles.

DÉPARTEMENT DE L'ARDÈCHE.

112. D. Quel est le chef-lieu ?

R. Privas, 4,000 habitants, fait le commerce de soie.

113. D. Que produit le Roussillon ?

R. Il produit des orangers, des citronniers et des grenadiers.

DÉPART. DES PYRÉNÉES-ORIENTALES.

114. D. Quel est le chef-lieu ?

R. Perpignan, 15,000 habitants, fait le commerce des vins du Roussillon.

115. D. Que produit le Comté-de-Foix ?

R. Le Comté-de-Foix est riche en mines, en pâturages et produit beaucoup de liége.

DÉPARTEMENT DE L'ARRIÈGE.

116. D. Quel est le chef-lieu ?

R. Foix, 5,000 habitants, a des fabriques d'acier.

117. D. Que produit le Béarn ?

R. On y élève beaucoup de chevaux et de porcs.

DÉPARTEMENT DES BASSES-PYRÉNÉES.

118. D. Quel est le chef-lieu ?

R. Pau, 12,000 habitants, patrie de Henri IV. On y trouve Bayonne qui commerce avec l'Espagne.

119. D. Que produit la Guyenne-et-Gascogne ?

R. Cette province, la plus grande de la France, produit des vins, des truffes et du liége.

DÉPARTEMENT DE LA GIRONDE.

120. D. Quel est le chef-lieu ?

R. Bordeaux, 94,000 habitants, la quatrième ville de France.

DÉPARTEMENT DE LA DORDOGNE.

121. D. Quel est le chef-lieu ?

R. Périgueux, 9,000 habitants, fait le commerce de truffes.

DÉPARTEMENT DE LOT-ET-GARONNE.

122. D. Quel est le chef-lieu ?

R. Agen, 12,000 habitants, possède une fabrique royale de toiles à voiles.

DÉPARTEMENT DU LOT.

123. D. Quel est le chef-lieu ?

R. Cahors, 12,000 habitants.

DÉPARTEMENT DE L'AVEYRON.

124. D. Quel est le chef-lieu ?

R. Rodez, 8,000 habitants, et Roquefort, connu par ses fromages.

DÉPARTEMENT DU TARN-ET-GARONNE.

125. D. Quel est le chef-lieu ?

R. Mont-de-Marsan, 4,000 habitants.

DÉPARTEMENT DU GERS.

126. D. Quel est le chef-lieu ?

R. Auch, 11,000 habitants, fait le commerce d'eau-de-vie.

DÉPARTEM. DES HAUTES-PYRÉNÉES.

127. D. Quel est le chef-lieu ?

R. Tarbes, 8,000 habitants; on y trouve

Bagnères et Barrèges, renommées par leurs eaux minérales.

128. D. Que produit l'île de Corse ?

R. Cette ile est couverte de montagnes qui fournissent de beaux bois pour la construction des vaisseaux.

DÉPARTEMENT DE LA CORSE.

129. D. Quel est le chef-lieu ?

R. Ajaccio, 8,000 habitants, place forte avec un bon port ; c'est la patrie de Napoléon Bonaparte.

130. D. Que produit l'Angoumois ?

R. L'Angoumois est riche en vignes qui fournissent à la fabrication d'une grande quantité d'eau-de-vie.

DÉPARTEMENT DE LA CHARENTE.

131. D. Quel est le chef-lieu ?

R. Angoulême, 15,000 habitants, et Cognac connu par ses eaux-de-vie.

132. D. Que produit la Saintonge et Pays d'Aunis ?

R. Les côtes sont couvertes de marais salans, dont on tire du sel regardé comme le meilleur de la France.

DÉPARTEMENT DE LA CHARENTE-INF^{re}.

133. D. Quel est le chef-lieu ?

R. La Rochelle, 11,000 habitants, ville forte.

134. D. Quelles sont les villes principales ?

R. Saintes et Rochefort, un des trois grands ports militaires de la France.

135. D. Que produit le Poitou ?

R. Le Poitou a d'excellents pâturages, on y élève une très-grande quantité de mulets.

DÉPARTEMENT DE LA VIENNE.

136. D. Quel est le chef-lieu ?

R. Poitiers, 21,000 habitants. C'est à quelques lieues de cette ville que Clovis Ier, roi de France, vainquit les Visigots en 507.

DÉPARTEMENT DES DEUX-SÈVRES.

137. D Quel est le chef-lieu ?

R. Niort, 16,000 habitants, fabrique beaucoup de gants.

DÉPARTEMENT DE LA VENDÉE.

138. D. Quel est le chef-lieu ?

R. Bourbon-Vendée, 3,000 habitants, bâtie en 1807 sur les ruines de la Roche-sur-Yon.

On y trouve les Sables-d'Olonne, port sur l'Océan.

139. D. Que produit l'Anjou ?

R. L'Anjou produit les meilleures carrières d'ardoise de la France.

DÉPARTEMENT DE MAINE-ET-LOIRE.

140. D. Quel est le chef-lieu ?

R. Angers, 30,000 habitants. On y trouve Cholet et Saumur, qui possède l'école de cavalerie.

141. D. Que produit la Bretagne ?

R. Elle produit des mines de plomb, d'argent, d'étain et de houille ; elle nourrit beaucoup de bestiaux.

DÉPARTEMENT D'ILLE-ET-VILAINE.

142. D. Quel est le chef-lieu ?

R. Rennes, 20,000 habitants, patrie du connétable Duguesclin. On y trouve Saint-Malo, port très-fréquenté.

DÉPARTEMENT DES COTES-DU-NORD.

143. D. Quel est le chef-lieu ?

R. Saint-Brieux, 10,000 habitants, port à une lieue de la mer.

DÉPARTEMENT DU FINISTÈRE.

144. D. Quel est le chef-lieu?

R. Quimper, 10,000 habitants, port à trois lieues de l'Océan.

145. D. Quelles sont les villes principales?

R. Brest, port le plus beau et le plus sûr de l'Europe; on y trouve Morlaix, port à deux lieues de la mer.

DÉPARTEMENT DU MORBIHAN.

146. D. Quel est le chef-lieu?

R. Vannes, 11,000 habitants, ville commerçante; on y trouve Lorient, port militaire.

DÉPARTEMENT DE LA LOIRE-INFÉR^{re}.

147. D. Quel est le chef-lieu?

R. Nantes, 72,000 habitants, la sixième ville de France, a un port sur la Loire. On y trouve Paimbœuf, port duquel les petits vaisseaux remontent jusqu'à Nantes.

148. D. Que produit le Maine?

R. Il nourrit des chevaux, des bestiaux, beaucoup de volailles, et fournit une grande quantité de cire.

DÉPARTEMENT DE LA SARTHE.

149. D. Quel est le chef-lieu ?

R. Le Mans, 20,000 habitants; on y trouve la Flèche et Mamers, qui fait un grand commerce de toiles.

DÉPARTEMENT DE LA MAYENNE.

150. D. Quel est le chef-lieu ?

R. Laval, 16,000 habitants, sur la Mayenne, fabrique des toiles et du fil renommés.

151. D. Que fabrique-t-on dans l'Orléanais?

R. Les principales fabriques sont celles de bonneterie pour l'Orient, de vinaigre, de sucre de betterave et des raffineries de sucre.

DÉPARTEMENT DU LOIRET.

152. D. Quel est le chef-lieu ?

R. Orléans, 40,000 habitants. Cette ville, assiégée par les Anglais, fut délivrée par Jeanne d'Arc en 1428; on y trouve Montargis près du point de jonction des canaux de Briare, d'Orléans et de Loing.

DÉPARTEMENT D'EURE-ET-LOIR.

153. D. Quel est le chef-lieu?

R. Chartres, 14,000 habitants; sa cathédrale est l'une des plus belles de France.

DÉPARTEMENT DE LOIR-ET-CHER.

154. D. Quel est le chef-lieu?

R. Blois, 11,000 habitants, sur la Loire, a vu naître le roi Louis XII, surnommé le père du peuple.

155. D. Que produit la Touraine?

R. La beauté et la fertilité de la Touraine l'ont fait surnommer le jardin de la France.

DÉPARTEMENT D'INDRE-ET-LOIRE.

156. D. Quel est le chef-lieu?

R. Tours, 21,000 habitants, sur la Loire, a des fabriques de soie pour ameublement.

157. D. Que produit le Berry?

R. Le Berry est assez fertile et nourrit beaucoup de bestiaux.

DÉPARTEMENT DU CHER.

158. D. Quel est le chef-lieu?

R. Bourges, 20,000 habitants, est la patrie de Louis XI.

DÉPARTEMENT DE L'INDRE.

159. D. Quel est le chef-lieu ?

R. Châteauroux, 11,000 habitants, a des fabriques de draps.

160. D. Que produit le Nivernais ?

R. Le Nivernais, riche en mines de fer et de houille, renferme de vastes forêts.

DÉPARTEMENT DE LA NIÈVRE.

161. D. Quel est le chef-lieu ?

R. Nevers, 16,000 habitants, sur la Loire ; on y fabrique l'émail.

162. D. Que produit le Bourbonnais ?

R. Cette province a des mines de fer, de houille, et des eaux minérales.

DÉPARTEMENT DE L'ALLIER.

163. D. Quel est le chef-lieu ?

R. Moulins, 14,000 habitants, est renommé pour sa coutellerie.

164. D. Que produit la Marche ?

R. Elle produit beaucoup de châtaignes et nourrit de nombreux troupeaux.

DÉPARTEMENT DE LA CREUSE.

165. D. Quel est le chef-lieu ?

R. Guéret, 3,000 habitants; on y trouve

Aubusson et Felletin, aussi sur la Creuse.

166. D. Que produit le Limousin ?

R. Le Limousin renferme des mines de cuivre, d'étain, de plomb et des terres à porcelaine.

DÉPARTEMENT DE LA HAUTE-VIENNE.

167. D. Quel est le chef-lieu ?

R. Limoges, 26,000 habitants,* sur la Vienne.

DÉPARTEMENT DE LA CORRÈZE.

168. D. Quel est le chef-lieu ?

R. Tulle, 9,000 habitants, sur la Corrèze, fait le commerce d'armes à feu.

169. D. Que produit l'Auvergne ?

R. On y élève beaucoup de chevaux; beaucoup d'auvergnats vont chaque année chercher de l'ouvrage dans les autres départements.

DÉPARTEMENT DU PUY-DE-DOME.

170. D. Quel est le chef-lieu ?

R. Clermond-Ferrand, 30,000 habitants, est la patrie de Pascal, célèbre mathématicien.

DÉPARTEMENT DU CANTAL.

171. D. Quel est le chef-lieu ?

R. Aurillac, 10,000 habitants, est la patrie du pape Gerbert (Sylvestre II) qui fit connaître en France l'horloge à balancier.

172. D. Que produisent le comtat d'Avignon et la principauté d'Orange?

R. Le sol de ces provinces est très-varié; on y récolte d'excellents vins et beaucoup d'olives.

DÉPARTEMENT DE VAUCLUSE.

173. D. Quel est le chef-lieu ?

R. Avignon, 31,000 habitants; cette ville a été long-temps la résidence des papes.

174. D. Quelles sont les villes principales?

R. Carpentras, Orange et Vaucluse, connue par sa belle fontaine et les amours de Pétrarque et Laure.

POSSESSIONS FRANÇAISES

HORS DE L'EUROPE.

175. D. Quelles sont les possessions françaises en Asie et en Afrique ?

R. La France possède en Asie Pondichéry,

Mahé, Karikal, Ganjan et Chandernagor; en Afrique la régence d'Alger, la colonie du Sénégal, l'île de Bourbon et l'île Sainte-Marie près de Madagascar.

176. D. Que possède la France en Amérique ?

R. La France possède en Amérique les îles Saint-Pierre et Miquelon près de Terre-Neuve, la Martinique, la Guadeloupe, Marie Galande, les Saintes, la Désirade et la Guiane Française, capitale Cayenne.

---

177. D. Quelle est la capitale de l'Angleterre et son climat ?

R. Sa capitale est Londres, 1,300,000 habitants; son climat est humide; le sol est fertile en grains et pâturages, il renferme des mines de fer, de cuivre et de charbon de terre.

178. D. Quelle est la capitale du Danemarck et son climat ?

R. Sa capitale est Copenhague, 105,000 habitants; son climat est peu fertile au nord, les îles Danoises dans la mer Baltique sont fertiles et très-peuplées.

179. D. Quelle est la capitale de la Suède et son climat ?

R. Sa capitale est Stockholm, 73,000 habitants ; son climat est peu fertile, on y trouve des mines de fer, de cuivre, d'argent et des bois de construction.

180. D. Quelle est la capitale de la Russie et son climat ?

R. Sa capitale est Saint-Pétersbourg, 300,000 habitants ; son pays est plat, les froids y sont très-rigoureux, mais il y a des parties assez fertiles. La Russie est dix fois aussi grande que la France.

181. D. Quelle est la capitale de la Hollande et son climat ?

R. Sa capitale est La Haye, 43,000 habitants ; son sol est plat et si peu élevé qu'on a été obligé de construire des digues pour la garantir des inondations de la mer.

182. D. Quelle est la capitale de la Belgique et son climat ?

R. Sa capitale est Bruxelles, 75,000 habitants ; son pays est bien cultivé ; on y fabrique des dentelles et on y trouve des mines de charbon de terre.

183. D. Quelle est le capitale de l'Autriche et son climat ?

R. Sa capitale est Vienne, 300,00 habitants, sur le Danube; le sol est fertile; on trouve dans cette contrée des mines d'or, d'argent, de fer et de cuivre.

184. D. Quelle est la capitale de la Prusse et son climat ?

R. Sa capitale est Berlin, 193,000 habitants ; son climat est trop froid pour la culture de la vigne, cependant les bords du Rhin et de la Moselle donnent des vins estimés.

185. D. Quelle est la capitale du Portugal et son climat ?

R. Sa capitale est Lisbonne, 240,000 habitants ; son climat est doux ; on trouve dans ce pays des mines de plomb, de cuivre, des oranges et du vin.

186. D. Quelle est la capitale de l'Espagne et son climat ?

R. Sa capitale est Madrid, 200,000 habitants ; son climat est chaud. L'Espagne possède des mines de fer, de mercure, de plomb, de cuivre et des moutons appelés mérinos.

187. D. Quelles sont les villes principales de l'Italie et quel est son climat ?

R. Ce sont Rome, 140,000 habitants, Naples, 350,000 habitants, et Florence, 80,000 habitants ; on y cultive avec succès le riz, le coton, l'olivier et l'oranger. Ce pays charme les voyageurs par la beauté des Alpes, des Apennins et par les monuments qu'on y rencontre à chaque pas.

188. D. Quelle est la capitale de la Turquie et son climat ?

R. Sa capitale est Constantinople, 600,000 habitants; le pays est montagneux, l'air y est pur, mais la négligence des Turcs les expose souvent aux ravages de la peste.

189. D. Quelles sont les villes principales de la Grèce ?

R. Ce sont Athènes, 11,000 habitants, Napoli ou Nauplie, 6,000 habitants. La Grèce est en grande partie couverte de montagnes; les ravages de la guerre n'ont pas encore permis aux habitants de donner beaucoup de développement à leur industrie.

190. D. Quelles sont les villes principales de l'Asie ?

R. Ce sont Smyrne, Damas, Jérusalem et la Mecque. On tire de l'Asie des diamants, des pierres fines, du café, du thé, des parfums, de l'indigo et du vernis. On y élève le lion, le tigre, l'éléphant et le chameau.

191. D. Quelles sont les villes principales de l'Afrique ?

R. Ce sont Maroc, Tunis, le Caire et Alger. L'Afrique est trois fois aussi grande que l'Europe; elle nourrit les animaux les plus redoutables, tels que le lion, le tigre, le léopard, le crocodile et le serpent.

192. D. Quelles sont les villes principales de l'Amérique ?

R. Ce sont Cayenne, l'Assomption et Santiago. Une grande chaîne de montagnes traverse l'Amérique du sud au nord; elle possède de riches mines d'or, d'argent et d'autres métaux.

193. D. Qu'est-ce que l'Océanie ?

R. L'Océanie est un peu plus grande que l'Europe ; elle est occupée par deux races, les Malais et les Nègres Océaniens.

FIN.

www.ingramcontent.com/pod-product-compliance
Ingram Content Group UK Ltd.
Pitfield, Milton Keynes, MK11 3LW, UK
UKHW020405220726
13923UKWH00004B/1743

9 782019 495909